# MES RÉVÉLATIONS

SUR

## LA RESPONSABILITÉ MINISTÉRIELLE,

SUIVIES

D'un *memento* renfermant *les ordres mysté-rieux pour le Roi et les Chambres, d'un grand Ministre responsable*, et autres *pièces de conviction;* ensemble tous les décrets, débats et délibérations, discours et propositions de M. *le maréchal Macdonald*, projet ministériel du comte *Corvetto*, opinions de MM. *Bergasse, Camille Jordan, de Châteaubriand, Lally-Tollendal,* le général *Foy, de Corbière, de Villèle* et *Fouché;* calculs et documens sur une grande affaire, utiles à MM. les Pairs et Députés, et à tous les Français ayant des droits acquis.

PAR M. DARMAING, *ancien Magistrat.*

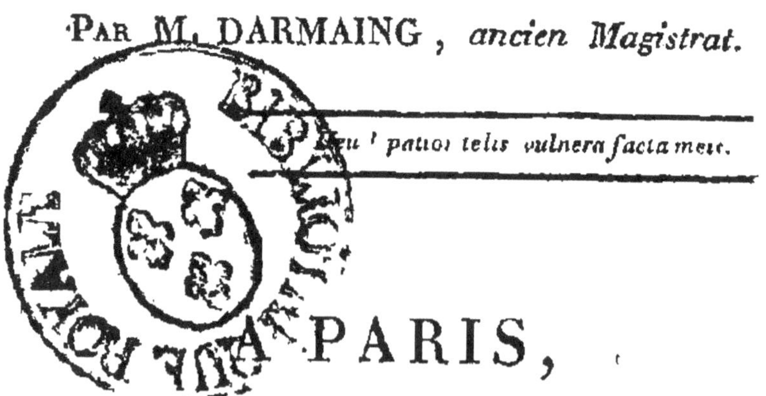


## PARIS,

Chez L'AUTEUR, rue de Sèvres, n.º 9.

### 1824.

# (A) AVIS.

## *Aperçu d'un Plan Financier.*

D'après le Moniteur, du 22 octobre 1824, le travail demandé aux agens du Domaine porterait le nombre des ventes d'immeubles opérées en vertu des lois sur la confiscation, à 425 mille, et le prix des immeubles ( après réduction en numéraire du prix des ventes faites en papier ) à un milliard 91 millions 300 mille francs — Il faut en déduire : 1.º les dettes payées par l'État aux créanciers des anciens Propriétaires, et dont le Moniteur n'indique pas l'aperçu ( 600 millions ); 2.º les biens dans lesquels les anciens propriétaires sont rentrés en possession et compris dans le susdit travail ; 3.º mais il y a aussi, dans ce travail, des lacunes, des omissions et autres vices ci-après révélés. — Le Journal des Débats ( du 27 octobre 1824 ) évalue à 30 millions de rentes l'indemnité à payer. — Un crédit de 25 millions de rentes immobilisées suffira. — Mais la première condition est, d'après les promesses royales : *fermer les dernières plaies de la révolution, sans grever les contribuables et en les soulageant au contraire.*— On a publié, dans les Journaux anglais, que l'indemnité serait payée au moyen d'un emprunt, ou avec les rentes rachetées par la caisse d'amortissement. La promesse royale ne serait pas observée. Les contribuables ont fourni 40 millions par an pour le rachat opéré par la Caisse d'épargnes : ce sont les contribuables qui payent les emprunts.— Tous ces moyens greveraient les redevables et ne seraient que des opérations d'agiot ; comment faire donc ? J'indiquerai mes voies et moyens, mais point d'agiot. — Si mes révélations ne produisent pas leur effet, l'exécution de mon plan serait impossible. — Si elles produisent leur effet, les contribuables obtiendraient ( je le garantirai ) un bénéfice net ( tous frais d'indemnité payés ) de 450 millions au moins, pour dix ans, et de 175 millions par an, à perpétuité, dès la dixième année ; les détenteurs verront doubler leurs biens sans bourse délier ( *Voy.* les calculs ci-après, pag. 104.)

# AVANT-PROPOS.

« *Heu ! patior telis vulnera facta meis.* »

**M**on écrit, annoncé dans mon dernier opuscule (1), était imprimé, lorsqu'un article officiel, inséré dans le Moniteur (*voy.* l'avis ci-contre A ) et une nouvelle pièce accusatrice, ne m'ont plus permis de persister dans les concessions que ma modération généreuse m'avait dictées.

*Mes révélations* appellent cette loi organique sur la *responsabilité ministérielle* si impatiemment attendue par l'opinion publique, et me conduisent à en jeter les fondemens. C'est pour la seconde fois que mon devoir et mon intérêt, liés à l'intérêt général, me réduisent à la dure nécessité de hâter une semblable loi, de joindre l'exemple au précepte, de faire ériger,

_____

(1) La Fin de la Tour d'Ugolin, et Projets sur le Droit de pétition, et le Moyen de récompenser l'armée, de réduire les impôts, etc.

à l'instant même , le principe en action
contre deux hommes puissans. Le premier,
( il y a 3o ans ) essuya mes pleurs d'une
main , tandis que de l'autre il aiguisait
froidement le poignard qui devait révolu-
tionnairement assassiner l'auteur de mes
jours, son ancien ami. Le monstre, *à* 6o
*ans de vertus*, fut sur mes poursuites ac-
cusé devant ses pairs, et convaincu d'avoir
exercé la plus sanglante tyrannie contre le
peuple Français, pour satisfaire ses atroces
vengeances. La peine qu'il avait encourue
fut commuée en celle de la déportation (1).

L'homme puissant dont je vais révéler
les abus de pouvoir, ce grand Ministre que
j'ai contribué à porter au faite des gran-
deurs, qui me doit tout, à qui je ne dois
rien, m'a caressé aussi d'une main, tandis

----

(1) *V.* mon opuscule, la Tour d'Ugolin, renfermant *l'histoire d'un grand homme* (M. Bergasse ), et l'éloquent plaidoyer de M. Berryer
fils, dans l'affaire de ce grand écrivain, poursuivi
pour son livre, *Essai sur la Propriété,* et acquitté
par le juri, sur le requisitoire de M. de Mar-
changy.

que de l'autre, après m'avoir enlevé plus·
que la vie, *l'honneur*, en me laissant avilir comme son agent, il a donné des ordres
mystérieux qui ont exclu trois fois des ta-
bleaux dressés pour son projet d'indemnité,
la classe des malheureux dont je fais partie.

A-t-il agi sciemment sous ce dernier rap-
port? C'est ce que mes revélations mettront
à même de décider.

Quoi qu'il en soit, ses attentats contre
l'autorité constitutionnelle du Roi et des
Chambres , sont plus clairs que le jour ;
et il peut s'écrier avec moi :

*Heu! patior telis vulnera facta meis.*

Je me suis blessé au cœur; en servant
de marche-pied à l'élévation de l'ingrat,
et l'ingrat s'est *suicidé* en manquant maladroitement aux lois de la reconnaissance,
en laissant échapper, plus maladroitement,
les preuves matérielles que la providence
m'a confiées pour l'obliger à fléchir le
genou devant la clémence *d'Henri IV*,
mais en satisfaisant, par sa retraite, au
vœu de l'opinion publique; et s'il résiste, s'il
n'établit lui-même, en confessant son im-

prévoyance, son ignorance des lois, qu'il n'a pas agi sciemment, à courber son front devant..... la loi.

Je me soumets à l'action en calomnie, si mes révélations ne sont pas justifiées, me réservant d'hors et déjà, au cas de poursuites irréfléchies, le bénéfice des articles 20 et 25 de la loi sur la presse, dont l'un autorise la preuve des faits imputés aux agens de l'autorité à raison de leurs fonctions; et dont l'autre surseoit à statuer sur les poursuites et jugement des plaintes dirigées contre un écrivain, lorsque les faits imputés par l'écrivain sont punissables suivant la loi; déclarant que je remplirai, dans ce cas, toutes les formalités prescrites, devant qui de droit.

DARMAING.

# RÉVÉLATIONS.

## SUR LA RESPONSABILITÉ MINISTÉRIELLE.

### Dispositions générales.

*Charte.* La personne du Roi est inviolable et sacrée; les Ministres sont respon-

( vij )

sables ( art. 13 ); les Ministres peuvent
être accusés pour fait de trahison et de
concussion ( art. 56 ).

*Définition.* Ces crimes ne sont point
définis par la Charte ; mais, d'après les
principes généraux de la matière, rapprochés de la résolution de la Chambre des
Députés du 16 décembre 1814, et de tous
les projets qui ont été présentés depuis
cette époque par le Gouvernement du
Roi (1), il y a trahison, lorsque sciem-

-----

(1) Le crime de *concussion*, étranger à mes
présentes révélations, fut ainsi défini par la résolution de la Chambre de Députés du 16 décembre 1814.

« Un Ministre se rend coupable de concus-
« sion lorsqu'il exige des droits, taxes, con-
» tributions ou réquisitions qui ne seraient pas
» établis par une loi, qu'il en ordonne ou auto-
» rise la perception ; *lorsqu'il détourne de leur*
» *destination* les deniers publics assignés aux
» dépenses de l'état ; *lorsqu'il agrée et reçoit*
» *des offres, promesses ou dons pour faire ou*
» *émettre un acte de son ministère*, et *lorsqu'il*
» *prend* directement ou *indirectement* un intérêt
» *dans les marchés qui concernent son minis-*

ment , par des actes personnels ou par des ordres signés ou contre-signés par lui, ou émanés de lui, un Ministre commet un attentat prévu par les dispositions du Code pénal, relatives aux attentats contre la sûreté intérieure ou extérieure de l'état, et contre la Charte constitutionnelle.

Il y a trahison, lorsque , par des actes personnels , ou des ordres signés ou contre-signés par lui, ou émanés de lui, un Ministre porte sciemment atteinte à l'autorité constitutionnelle du Roi et des Chambres; aux droits publics des Français ou aux droits acquis consacrés et définis par la Charte. *Il y a attentat dès qu'un acte est commis ou commencé pour parvenir à l'exécution d'un crime de trahison, quoiqu'il n'ait pas été consommé* ( art. 88 du Code pénal ).

Cette disposition de l'article 88 du Code pénal est essentiellement applicable, lorsque l'attentat est de nature à renverser ou

---

*tère.* » Je crois qu'il faudrait ajouter, ou *dans les opérations d'agiot ,* ou *s'il les favorise.*

avilir l'autorité constitutionnelle du Roi et des Chambres, à détruire ou affaiblir la confiance qu'inspire la parole royale, à faire dire à la nation : *on nous trompe ; le Ministre est tout ; le Roi et les Chambres ne sont rien.* Au commencement d'un règne, un Ministre danois fut condamné à mort, pour avoir, sur la fin du règne du feu Roi, calomnié à ses yeux la nation, et cherché à briser les liens d'affection et de confiance qui unissent le Souverain et ses sujets ( *voy*. le Constitutionnel du..;... octobre 1824 ) ; aucune excuse ne saurait être admise, lorsque le Ministre responsable commet sciemment un attentat pour satisfaire ses passions et ses intérêts aux dépens de la justice, et de la réputation du prince. C'est le crime du superbe et perfide *Aman* ; il appelle l'inflexible sévérité *d'Assuérus.*

*Exemple.* S. M. Louis XVIII a dit dans son dernier discours du trône : *je suis en paix ; je veux la paix.* Un grand Ministre répète aux Chambres réunies les paroles royales, et à l'instant même, en vertu de ses ordres mystérieux pour le Roi et les Chambres, on communique au-dehors, par des instructions imprimées, distribuées à une armée de ses agens, que le *Gouvernement veut se mettre à portée de présenter aux Chambres, dans leur prochaine session, un projet de loi relatif, soit à une déclaration de guerre, soit à la soumission de telle île, soit à une opération ab irato contre les rentiers; ou tout autre projet de loi en opposition, soit avec les lois et les promesses du Roi, sur nos relations politiques ou commerciales, soit avec la Charte que le Roi a juré de maintenir.* En vertu des mêmes ordres ministériels, et mystérieux pour le Roi et les Chambres, l'armée des agens du grand Ministre est mise en mouvement pour prendre des renseignemens, même auprès des habitans des campagnes; dresser des états de situation du pays à qui, suivant les instructions imprimées, la guerre doit être déclarée, et parvenir à l'exécution des projets annoncés ou y faire croire. Ces projets échoueront; c'est-à-dire, les projets de loi ne seront pas présentés , par des circonstances fortuites , *dépendantes ou indépendantes* de la volonté de l'ordonnateur : *dépendantes*, parce que l'ordonnateur y aura volontairement renoncé ; ou qu'il n'avait réellement pour but que de tâter, ou travailler, ou tracasser, ou détourner l'opinion publique , et d'opérer une hausse ou une baisse, de faire ou encourager une opération d'agiot. Le projet échouera par des circonstances fortuites , *indépendantes* de la volonté du Ministre responsable ; parce que la mine aura été éventée avant l'ouverture de la session ; parce que *le Roi saura* ; ou qu'un évènement malheureux aura brisé, dans les mains de l'ordonnateur despote, le pouvoir d'outrager l'impartiale et suprême équité de la magistrature , de corrompre et diviser ; d'organiser un Gouvernement d'agiot et de coterie ; de se transformer en visir ou en *maire du palais.*

Dans ce dernier cas, nul doute sur l'application intégrale de l'art. 56 de la Charte concernant la trahison. Le Ministre sera prévenu , 1°. *d'un attentat consommé* contre l'autorité constitutionnelle du Roi et des Chambres , avec toutes les circonstances aggravantes dont nous avons accompagné le développement du principe ; 2.° *d'un attentat non consommé* contre la Charte constitutionnelle et contre la sûreté intérieure et extérieure de l'État ; *attentat non consommé* commis à l'aide d'un *attentat consommé.*

Mais lors même que le Ministre responsable ne pourrait point être poursuivi pour *l'attentat non consommé ,* soit parce qu'il aurait volontairement renoncé aux projets de loi qu'il avait annoncés au-dehors , soit parce que , dans le cas de doute , la balance de la justice doit pencher en faveur du prévenu ; le Ministre responsable ne restera-t-il pas en prévention , à raison de l'attentat consommé , contre l'autorité constitutionnelle du Roi et des Chambres , attentat matériellement prouvé par ses ordres mystérieux pour le Roi et les Chambres ? Ne pourra-t-on pas dire au Ministre responsable : « Le Roi est le chef de l'É-

» tat ; le Roi propose la loi, les Chambres
» seules ont le droit de recevoir la com-
» munication des projets de loi, en vertu
» d'une ordonnance royale. Jusqu'à cette
» époque, les projets de loi, médités par
» le Gouvernement, doivent demeurer se-
» crets. Vous avez violé la Charte, en com-
» muniquant au dehors ; *le Gouvernement*
» *veut se mettre à portée de présenter aux*
» *Chambres, dans leur prochaine session,*
» *un projet de loi,* relatif à une déclaration
» de guerre ou tel autre projet en opposi-
» tion avec les paroles royales. Vous avez
» violé la Charte en mettant en mouvement,
» par vos ordres, une nuée d'agens pour
» préparer l'exécution de vos projets, ou
» pour y faire croire ; vous avez renoncé à
» ces projets, ou bien il n'est pas prouvé
» que *les actes commis ou commencés,* pour
» parvenir à l'exécution, l'ont été *sciem-*
» *ment ;* mais vous n'êtes pas moins pré-
» venu d'avoir attenté, avec félonie, à
» l'autorité constitutionnelle du Roi et des
» Chambres, soit pour tâter ou travailler,
» ou tracasser l'opinion publique, soit pour

» opérer une hausse ou une baisse, ou fa-
» voriser toute autre opération d'agiot.
» Quels que soient vos motifs, le fait est con-
» stant et rien ne peut le justifier : le crime
» est consommé. Vous avez autorisé la na-
» tion à s'écrier : le Roi et les Chambres ne
» sont rien ; le grand Ministre est tout, puis-
» qu'il peut impunément se jouer du Roi et
» des Chambres, faire le contraire de ce
» que veulent le Roi et les Chambres ; et
» de ce qu'il dit lui-même au Roi et aux
» Chambres réunies ; les lois ne sont donc
» pas votées et discutées librement par la
» majorité des Chambres, puisque le grand
» Ministre souverain est tellement assuré
» de faire passer tout ce qui lui passe par
» la tête, que pendant la session il annonce
» d'avance par ses préposés, à la France
» entière, l'agiotage compris, le Roi et les
» Chambres exceptés, les projets de loi,
» même inconstitutionnels, qu'il veut pré-
» senter aux Chambres à la session suivante,
» en faisant mystère au Roi et aux Chambres
» de ce qu'il communique au-dehors ; en
» leur disant même le contraire de ce qu'il

» fait. En un mot, ne peut-on pas dire
» au Ministre responsable, si vous avez re-
» noncé à vos projets de loi, vos ordres té-
» méraires ne sont pas moins de nature à
» avilir l'autorité constitutionnelle du Roi
» et des Chambres ; à rompre ou relâcher
» les liens d'affection et de confiance qui
» unissent le Souverain et ses sujets ; à
» faire révoquer en doute les promesses
» royales. Vous avez commis le crime *d'un*
» *Ministre danois*, et celui du superbe et
» *perfide Aman*. Il appelle l'inflexible sévé-
» rité *d'Assuérus*. »

Enfin, *quand même* la bonté du souverain surpasserait la félonie du ministre responsable, en admettant que ce ministre
n'a agi que par imprudence, par imprévoyance, l'imprudent, l'imprévoyant, *usé*,
*en exécration dans l'opinion publique*,
pourrait-il conserver les fonctions dont il a
si imprudemment abusé ? Telle est la nature
de l'affaire qui fait l'objet de mes révélations, et des questions qu'elle présente,
avec cette différence que le Ministre dont
je veux parler est loin de se trouver dans

( *xvi* )

une situation aussi favorable que celle exprimée dans ma dernière question.

Les attentats consommés et non consommés que je vais révéler et prouver matériellement par les ordres émanés du grand Ministre lui - même, sont aussi dangereux par leur nature et par leurs résultats, que ceux dont j'ai cité l'exemple, mais ils sont plus graves, soit *d'après les antécédens*, soit d'après toutes les circonstances qui les ont précédés, accompagnés et suivis, et qui décèlent la préméditation des attentats, soit d'après les actes qui s'y rattachent, tels que les ordonnances signées sur la fin d'un règne, et le système général suivi par le grand Ministre. Laissant à d'autres (pour le moment) le soin d'établir la connexité, je me bornerai aux faits qui se lient dans mon intérêt personnel lésé, à l'intérêt général compromis par les ordres émanés du grand Ministre, prévenu d'attentats consommés et d'un attentat non-consommé.

Mes révélations embrasseront donc, 1.° les faits généraux qui intéressent le Roi et son peuple ; 2.º les faits particuliers qui lient mon intérêt froissé par les attentats du grand Ministre, à l'intérêt général plus gravement compromis par ces attentats.

---

# CHAPITRE PREMIER.

## FAITS GÉNÉRAUX.

*Antécédens.* Il résulte des lois, décrets, délibérations des Chambres et autres actes ci-après cités ( page 45 et suivantes ), que; 1.º il a été consacré dès la session de 1814, que les héritiers des prêtres reclus, et les autres Français de l'intérieur, victimes comme moi des lois sur la confiscation, avaient des droits acquis à une juste indemnité pour immeubles vendus, d'après les actes antérieurs à la restauration, qui en avaient consacré le principe ; que, le mode d'application n'ayant jamais été décrété, il n'y avait point de déchéance encourue; qu'il fallait au contraire conclure des antécédens, que les gouvernemens antérieurs à la restauration avaient négligé de remplir leurs engagemens ; que ces engagemens rentraient dans la classe des droits acquis, consacrés et garantis par l'article 70 de la Charte, portant : « *la dette publique est garantie ; tout* » *espèce d'engagement pris par l'état avec* » *ses créanciers est inviolable* ». ·

2.° Il a été aussi unanimement reconnu dans la session de 1814 et depuis, ( *voyez les pages 69 et suivantes ci-après* ), qu'un système privilégié d'indemnités en faveur des émigrés seulement, serait aussi inconstitutionnel qu'injuste et dangereux ; que ce système offrirait des vices plus saillans, plus sérieux que ceux reprochés par *M. le maréchal duc de Tarente*, au projet, qui, lors de la remise aux émigrés de leurs biens invendus, donnait tout aux grands, et rien aux petits victimes d'un hasard malheureux. En effet, ce projet n'était qu'insuffisant ; le mal qui pouvait résulter de son adoption a été réparé, par la consécration du prncipe du *système général d'indemnités* : l'espérance a été replacée dans *la boîte* de *Pandore*. Mais un système privilégié d'indemnité, qui exclurait les héritiers

des prêtres reclus, etc., et par une conséquence invincible, les émigrés rayés et
éliminés . avant la restauration ( *voyez*
page 57 ). Ce système injuste, barbare,
impolitique, rendrait à jamais les plus
infortunés, *victimes d'un hasard malheureux ;* il laisserait subsister à jamais les
traces de *ces grands déchiremens,* qui,
suivant les expressions de M. le maréchal
*Macdonald* ( voy. pag. 59 et suiv. ), *ont
ébranlé la société dans ses fondemens,
déplacé les propriétés, disséminé les familles, et altéré jusqu'à ce sentiment
d'aménité, de confiance, et d'abandon
chevaleresque, qui caractérise une grande
nation.* Ce système partiel d'indemnités,
favorable *aux grandes familles* déjà si
impolitiquement favorisées à l'exclusion des
autres, ainsi que l'a prouvé *M. le maréchal Macdonald,* punirait à jamais les petits de l'intérieur, victimes d'un hasard
malheureux, de s'être refusés à profiter
des premières lois rendues en leur faveur,
et à déserter la cause des grandes infortu-

nes de l'extérieur, de n'avoir pas émigré ou d'être rentrés.

Ce système privilégié d'indemnités laisserait subsister, parmi tous les capitalistes de la France et parmi ceux intéressés aux ventes nationales, dont le nombre a été calculé par M. le maréchal Macdonald, à à 9,350,000, ces *inquiétudes séditieuses qui, suivant les expressions* et les calculs de l'honorable Pair, *privent le trésor public de 30 millions par an.*

Ce système privilégié d'indemnités outragerait le caractère français, la dignité de l'homme, l'honneur national, en faisant dire aux Français de l'intérieur exclus : Faut-il donc, pour être admis à l'indemnité, *avoir servi dans l'armée de Condé! Le sang plébéien, versé dans l'intérieur pour la monarchie, est-il donc si vil?* Le système privilégié d'indemnités, étouffant dans son berceau le plus grand œuvre de réconciliation générale que doit produire la mesure générale d'indemnités, diviserait ceux-là même que le malheur a unis, alarmerait les intérêts nouveaux sur la solidité de l'art. 9 de la Charte, qui déclare les propriétés inviolables, serait en opposition avec l'art. 70, qui garantit la dette publique, et funeste aux contribuables. Enfin, le système privilégié d'indemnités rouvrirait pour toujours, au lieu de les fermer à jamais, les dernières plaies et l'abyme des révolutions.

*Conséquences.*—Il résulte de ces antécédens, que si le grand Ministre dont je veux parler, a sciemment, par des ordres semblables à ceux dont j'ai cité l'exemple, c'est-à-dire, par des ordres mystérieux pour le Roi et les Chambres, et en opposition avec le discours du trône, avec la foi jurée par le grand ministre lui-même aux Chambres réunies ; si ce ministre, dis-je, a fait (à l'instant même où il disait le contraire aux Chambres) annoncer au dehors par des imprimés : Le gouvernement *veut se mettre à portée de présenter aux Chambres, à leur prochaine session, un projet de loi privilégié d'indemnité*, attentatoire à tous les droits acquis ; et si, par les mêmes ordres, il a mis en mouvement une armée d'agens, pour parvenir à l'exécution du

( xxij )

projet privilégié, inconstitutionnel, injuste, impolitique, qu'il avait dans le cœur,
ce Ministre se sera rendu coupable : 1.° d'un
attentat .consommé contre l'autorité constitutionnelle du Roi et des Chambres; 2.° d'un
attentat non-consommé contre les dispositions de la Charte, relatives aux droits acquis, et contre la sûreté intérieure de
l'Etat.

Or, non-seulement ces attentats ont été
commis, mais ils ont été précédés, accompagnés, suivis avec préméditation, de circonstances si aggravantes, que le grand Ministre ne peut se soustraire à l'application
de l'art. 56 de la Charte, qu'en se jetant
aux pieds du Roi, en avouant son imprévoyance, et en satisfaisant par sa retraite au
vœu de l'opinion publique.

C'est ce que je vais établir en rappro-
chant les faits qui ont précédé, accompagné et suivi le délit, des pièces de conviction, et des lois relatives à la matière.

*Faits qui ont précédé, accompagné et
suivi le délit.—Pièces de conviction. Lois.*

Le discours du trône, prononcé à l'ouverture de la dernière session par le *Salomon* de la France, retentit encore dans tous les cœurs. S. M. Louis XVIII concilia tous les esprits, tous les intérêts, en annonçant sa volonté de fermer, sans nuire au soulagement des contribuables, *les dernières plaies de la révolution ( et non celles des émigrés seulement ).*

La France entière connaît, 1.º la délibération de la Chambre des Députés portant rejet, sur la proposition de M. le général Foy, d'un paragraphe de la commission qui, en réponse au discours du trône, semblait limiter le principe d'indemnité aux émigrés seulement; 2.º la déclaration solennelle d'un grand Ministre lorsque, réfutant le 23 avril 1824, l'opinion d'un Député concernant l'indemnité des émigrés, ce grand ministre s'enflamma et répéta en pesant sur ces mots : *S. M. veut fermer les dernières plaies de la révolution et non celles des émigrés seulement*; 3.º les promesses conformes à cette déclaration, réitérées par le même grand Ministre dans la Chambre des Députés et dans la Chambre des Pairs ; 4.º la proposition de M. de La Bourdonnaye en faveur des droits acquis, en faveur de toutes les familles qui ont perdu des biens par suite de confiscations révolutionnaires, le *silence* du grand Ministre, dans cette mémorable séance, la réfutation insérée le lendemain dans un journal semi-officiel, de la proposition de M. de Labourdonnaye, que le champion ministériel prétendit être restrictive de la mesure officielle, méditée par le grand Ministre silencieux ; et cependant à cette même époque, on procédait depuis le 12 avril, d'après les ordres du grand Ministre, mystérieux pour le Roi et les Chambres, à une opération restrictive de la volonté royale, et exclusive des droits acquis ; en vertu d'instructions et des bulletins imprimés, distribués avec profusion aux agens de l'administration des domaines chargés de petits détails si colossaux, si compliqués, que la France entière et surtout l'agiotage ont connu le secret de l'ordonnateur suprême, à l'exception du Roi et des Chambres réunies.

Pièces de conviction. *Ces pièces sont les instructions de la Direction générale des domaines , motivées sur les ordres de S. E. le Ministre des Finances qui, d'après les lois, est seul responsable* (1). L'instruction du 1.er juin 1824 porte : « *Le Gouvernement veut* (2) se mettre à

______________

(1) *V.* ci-après, pag. 105, comment j'ai appris au ministère des finances , que S. E. n'avait donné que des ordres vagues , et comment, je prouve qu'un *inférieur* peut être plus habile qu'un *supérieur* à concilier sa dignité personnelle avec ses devoirs, en vérifiant cette sentence, *il faut savoir obéir pour pouvoir commander;* j'ajoute ici , que l'*homme d'honneur*, frère de M. le Préfet de la Seine , *cite les ordres de Son Exc. le Ministre des Finances.* C'est assez : l'homme d'honneur a parlé; la France entière répondra : *le fait est constant.*

(2) Quant à ces mots , *le Gouvernement veut ,* la France entière les traduira ainsi : *le Ministre veut. —* Et d'abord , on ne cite aucun acte du Conseil des Ministres. On n'invoquera certainement pas l'adhésion de MM. le Baron de Damas, de Clermont-Tonnerre , et de Châteaubriand , Ministres, à cette époque , de la Guerre , de la Marine et des Affaires étrangères. M. de Châ-

*b*

» portée de présenter aux Chambres dans

---

teaubriand n'a pu adhérer à un système privilégié, en opposition avec ses précédentes et éloquentes opinions (*voyez ci-après, pag. 75*). M. d*e* *Châteaubriand* a prouvé d'ailleurs comment il était étranger à la délibération sur le projet de réduction de rentes, rejeté par la Chambre haute, et l'Europe entière a jugé la lettre *ab irato*, qu'on peut intituler : *Le silence puni par l'incivilité.* L'Europe conserve le souvenir du NON fortement prononcé, *par le guerrier sans peur et sans reproche* ( M. de Damas ), et a jugé celui qui s'y est exposé.

Pourrait-on invoquer, en faveur de ces mots· *le Gouvernement veut*, l'adhésion de la justice et de l'intérieur ? *La justice !* M. de Peyronnet, étranger aux operations financières, a constamment défendu, dans les temps les plus orageux, les malheureux de l'intérieur, victimes de confiscations révolutionnaires, et dont les droits acquis sont froissés par le projet privilégié, annoncé par ces mots : *le Gouvernement veut*, etc. M. *de Corbière* a professé des opinions diamétralement opposées à ce systeme. ( *V.* ci-apris, *page 85* ) ; ainsi MM. de Corbière et de Villele n'ont pu être d'accord sur ce point ; il y a plus..... . mais.....

' *Non nostrum inter vos tantas componere lites.*

» leur prochaine session un projet de loi ,
» pour accorder *une indemnité* aux anciens
» propriétaires , dont les biens immeubles
» ont été *aliénés, en exécution des lois sur*
» *l'émigration* (seulement) :

( *Nota*. Nous verrons bientôt l'intention
d'exclure les droits acquis, plus claire que
le jour ).

» Dans cette vue, et *conformément aux*
» *ordres de S. E. le Ministre des Finances,*
» le Directeur général , par sa lettre du 12
» *avril dernier,* a déja demandé aux direc-
» teurs d'un certain nombre de départemens
» les plus rapprochés de Paris , un état du
» nombre des ventes des biens de *l'espèce*
» *faite, en vertu de chacune des lois qui*
» *ont reglé le mode de ces ventes* ».

*Nota*. Et le 23 avril, le grand Ministre
s'enflammait, en répétant : *le Roi veut*
*fermer les dernières plaies de la révolu-*
*tion, et non celles des émigrés seulement ;*
limiter l'indemnité aux émigrés, c'est exclure tous ceux que la volonté de S. M. veut
faire jouir des bienfaits de l'indemnité ; et
dès le 12 avril, le grand Ministre excluait

les droits acquis ; le 1.<sup>er</sup> juin, il étend l'exclusion à toute la France, et depuis, il réitère aux Chambres ses promesses contraires à tout ce qui était fait par ses ordres mystérieux pour le Roi et les Chambres ; et le grand Ministre se tait lors de la proposition de M. de la Bourdonnaye, embrassant tous les intérêts.

Ce silence accusateur (1), les antécé-

---

(1) Qu'aurait fait un Ministre de bonne-foi ? Il aurait donné connaissance aux Chambres, des instructions qu'il avait communiquées au dehors, en disant : « la proposition de M. de » la Bourdonnaye est non-seulement contraire » à l'initiative royale, mais inutile d'après les » mesures que j'ai prises pour mettre le Gouver- » nement du Roi à portée de soumettre à S. M. » le projet de loi d'indemnité, et de prendre » les ordres de S. M. pour le présenter aux » Chambres à la session prochaine. »

Pourquoi le Ministre n'a-t-il pas tenu cette conduite franche, loyale ? Pourquoi a-t-il gardé le silence sur la proposition de M. de la Bour- donnaye ? et pourquoi a-t-il dit avant et après ses instructions, le contraire de ce qu'il faisait ? Parce qu'il savait bien qu'il faisait le contraire de ce que voulaient le Roi et les Chambres, ou qu'il

dens déja retracés, une nouvelle pièce accusatrice, toutes les circonstances aggravantes réunies ci-après, et celles que nous trouverons bientôt dans la dernière partie des instructions, ne laissent aucun doute sur la volonté du Ministre, d'arriver, en trompant le Roi et les Chambres, à un système privilégié d'indemnités dont j'ai démontré l'inconstitutionalité et les funestes résultats, ou d'en répandre le bruit au-dehors à l'insu du Roi et des Chambres, par un motif financier ou politique ; et, s'il a agi en tout et pour tout sans réflexion, pourrait-il lui-même contester son imprévoyance et son inhabileté ; ce dilemme est sans réplique, lorsqu'on ouvre le livre de la loi.

*Lois.* Les paragraphes cités, rapprochés de la Charte et des principes sur la responsabilité ministérielle, constatent seuls trois attentats consommés contre l'autorité

---

s'est trouvé, au milieu de *sa pompe et de sa gloire*, frappé tout-à-coup de l'inhabileté *septennale* d'un roi de Babylone déchu. Il n'y a pas de milieu : *trahison* ou *inhabileté....*!

contitutionnelle du Roi et des Chambres ,
consacrée par les dispositions du pacte fon-
damental sur la forme du gouvernement,
et un attentat non consommé contre les
droits acquis; le fait est constant. Le grand
juri peut seul juger la question intentionnelle, si le prévenu ne la décide point, en
se retirant.

En effet , 1.º *Le Gouvernement veut :*
«au Roi *seul* appartient la puissance exé-
» cutive : le Roi est le chef de l'État (art. 13
» et 14 de la Charte), les Ministres sont res-
» ponsables» ; ils ne peuvent prendre des
mesures, qu'en vertu d'une loi, ou d'une
ordonnance du Roi? Proclamer dans une
instruction imprimée, émanée des ordres
du grand Ministre : *le Gouvernement veut,*
c'est proclamer ; *le grand Ministre veut ,*
c'est substituer la volonté du grand Ministre à la volonté du Souverain ; premier *attentat* consommé qui acquiert la plus grande
gravité par sa connexité avec les autres
attentats.

2.º *Le Gouvernement veut se mettre à*

*portée de présenter, à la prochaine session des Chambres, un projet de loi.*

« Le Roi propose la loi; la proposition
» de la loi est portée, *au gré du Roi*, à la
» Chambre des Pairs et des Députés, ex-
» cepté la loi de l'impôt qui doit être adressée
» d'abord à la Chambre des Députés. *Toute*
» *loi doit être discutée et votée librement*
» *par la majorité de chacune des deux*
» *Chambres.* Les Chambres ont la faculté
» de supplier le Roi de proposer une loi.
» Cette demande pourra être faite, mais
» *après avoir été discutée en comité secret,*
» ( articles 16, 17, 18, 19 et 20 de la
Charte ).

Ainsi, les Chambres ont seules le droit
de recevoir la communication d'un projet
de loi, lorsqu'il est présenté dans les for-
mes légales, en vertu d'une ordonnance
Royale, portant : « Nous ordonnons que le
» projet de loi sera présenté à *telle* Cham-
» bre, par *tel* Ministre que nous chargeons
» d'en exposer les motifs, et d'en soutenir
» la discussion ». Jusqu'à cette époque, les
projets de loi médités par le gouvernement

doivent demeurer secrets. Un Ministre ne peut même le communiquer au dehors, lorsqu'il est chargé de le présenter à la Chambre des Pairs. Les Chambres elles-mêmes ne peuvent user de la faculté de proposer la loi, *qu'en comité secret.* Ainsi, les ordres d'un grand Ministre de communiquer au-dehors : *le Gouvernement veut se mettre à portée de présenter à la prochaine session un projet de loi,* caractérisent un attentat consommé à l'autorité constitutionnelle du Roi et des Chambres, et notamment à l'article portant : *toute loi doit être discutée et votée librement par la majorité ;* ces attentats sont d'autant plus graves, qu'ils peuvent avoir les suites les plus funestes pour la chose publique, en encourageant l'agiotage, en nuisant au commerce et à l'industrie, et surtout en autorisant à dire : *le grand Ministre est donc bien assuré de la majorité des Chambres, puisqu'il annonce d'avance ses projets de loi.*

3.° Dans l'espèce, ces attentats consommés acquièrent le dernier degré de gravité , d'après la nature et l'objet du projet de loi médité par le grand Ministre, et inconstitutionnellement communiqué au-dehors, d'après ses ordres mystérieux pour le Roi et les Chambres, d'après la félonie dont l'ordonnateur suprême a usée envers le Roi et les Chambres réunies, et d'après le faisceau de circonstances qui décèlent la préméditation. Le grand Ministre repousse avec chaleur, à la tribune, une expression qui semble limiter le principe d'indemnité aux émigrés ; le grand Ministre dit et répète : ( en appuyant sur les mots) *le Roi veut fermer les dernières plaies de la révolution, et non celles des émigrés seulement*, et à l'instant même il fait le contraire de ce qu'il dit : ses ordres mystérieux pour le Roi et les Chambres, communiquent au-dehors : *le Gouvernement veut se mettre à portée de présenter aux Chambres dans leur prochaine session, un projet de loi pour accorder une indemnité aux émigrés seulement*, c'est-à-dire, un projet de loi inconstitutionnel, injuste, impolitique, en opposition avec la volonté du Roi, avec la délibération des Chambres, avec la foi jurée par le grand Ministre lui-même aux Chambres réunies, un projet attentatoire aux prérogatives de la Couronne, à la puissance législative, à tous les droits acquis, et dont les funestes résultats seraient de rouvrir pour toujours, au lieu de les fermer à jamais, les plaies les plus saignantes et l'abîme des révolutions.

«Mais, dit-on, pourquoi faire tant de »bruit pour des renseignemens provi-»soires, demandés afin de parvenir à ob-»tenir un crédit.»

*R.* Les renseignemens sont demandés pour combiner le projet de loi que le *Gou-vernement* (c'est-à-dire le Ministre), *veut présenter aux Chambres, en faveur des émigrés seulement;* c'est-là le vice radical, l'attentat consommé. Un Ministre a le droit de prendre tous les renseignemens qu'il croit nécessaires pour éclairer sa religion et combiner même les projets de loi qu'il médite ; mais il doit agir secrètement, avec poids, avec mesure, en se renferfermant dans le cercle de ses attributions constitutionnelles. Il n'a pas le droit de communiquer au-dehors, par des impri-més, que : *le Gouvernement veut présenter tel projet de loi, et surtout un projet de loi inconstitutionnel, dangereux ;* il y a dans ce cas attentat contre la Charte, contre l'autorité constitutionnelle du Roi et des Chambres ; attentat qui devient plus grave, lorsque le Ministre interpellé cache au Roi et aux Chambres réunies ce qu'il com-munique au - dehors, dit même aux Cham-bres réunies le contraire de ce qu'il fait, et compromet ainsi la dignité du Souve-rain, de la puissance législative, en faisant naître cette pensée ; *le Roi et les Cham-bres ne sont rien ; le Ministre est tout ; il dispose à son gré de la majorité des Chambres ; les lois ne sont pas discutées et votées librement ; le Ministre est assuré de faire passer tout ce qu'il veut, puis-qu'il annonce* d'avance, au-dehors, les projets de loi les plus inconstitutionnels qui lui passent par la tête, et qu'il se joue des Chambres , en donnant des *ordres contraires aux promesses qu'il leur fait :* voilà, on ne saurait trop le redire, où est le vice radical, l'attentat consommé. Que diraient les maisons *La-fitte, Casimir-Perrier, Lapanouse, Rot-schild, Baring,* etc., si le directeur chef de leur établissement annonçait, par une circulaire imprimée, distribuée, que ces banquiers veulent faire non-seulement telle opération, mais encore une opération en opposition avec la foi jurée ? Ces maisons si recommandables ne diraient-elles pas à leur directeur chef : *vous avez compromis notre crédit ; vous avez exposé nos mai-sons à perdre la confiance publique. Vous êtes un traître ou un imprévoyant, tout au moins ; partez.*

. Et si le directeur chef, interpellé par les banquiers, leur avait caché ce qu'il aurait communiqué au-dehors, en leur disant même le contraire de ce qu'il faisait, leur âme ne serait-elle pas soulevée d'indigna-tion? La scrupuleuse délicatesse de MM. les banquiers, qui ont pour devise *l'honneur,* ne craindrait-elle pas, s'ils renvoyaient leur directeur chef avec les honneurs de la guerre, qu'on ne soupçonnât que ce directeur n'a agi que par autorisation, et qu'on ne le renvoye, en le récompensant, que parce que la mine a été éventée ? *La femme de César ne doit pas être même soupçonnée.*

L'abus de confiance, la violation du secret d'un établissement par un directeur, et tout autre délit analogue contre les particuliers, sont punis par la loi. Les attentats matériellement prouvés par les ordres que je mets au jour, pourraient-ils devenir un titre d'honneur pour le Ministre responsable? Lors même que ces attentats pourraient être rejetés sur l'imprévoyance du Ministre, ce Ministre ne doit-il pas prouver son dévouement au Souverain, en se faisant justice lui-même ?

Chercher à excuser les attentats, pour conserver le pouvoir, c'est en aggraver les funestes conséquences pour le Roi et son peuple, pour les Chambres, dont l'autorité a été outragée, avilie ; c'est rouvrir, agrandir les plaies de la révolution, surtout

d'après la nature des ordres suivans :
« *D'autres ordres de S. E. le Ministre des*
» *Finances* (portent les instructions mys-
» térieuses pour le Roi et les Chambres ),
» chargent l'administration de l'enregistre-
» ment et des domaines, de faire former ,
» à titre de renseignemens provisoires , et
» *pour servir à combiner le projet de loi ,*
» 1.º un état·*de tous les biens d'émigrés*
» *vendus ,* qui fera connaître le revenu en
» 1790 de ces biens , et le *prix de la vente*
» *réduit en numéraire , au cours du jour*
» *de l'adjudication ;* 2.º un état de tous les
» immeubles provenant aussi d'émigrés et
» dont le Gouvernement a disposé autre-
» ment que par vente. »

D'après les ordres du grand Ministre,
mystérieux pour le Roi et les Chambres,
une nuée de préposés, armés de bulletins
imprimés , dont (portent les instructions ) *il*
*va être envoyé un nombre suffisant d'exem-*
*plaires ,* doivent se transporter dans les ar-
chives de toutes les préfèctures , pour y
faire le relevé des ventes *des biens d'émi-*
*grés ,* et même dans les communes du lieu ,

de la situation des biens d'émigrés , pour
fixer le revenu de 1790 , à défaut de documens , *d'après les connaissances que les
préposés se seront procurées auprès des culti-
vateurs , des notaires , du prix de location
en 1790 , de l'arpent de terre dans la
commune de la situation desdits biens
d'émigrés ,* ( et d'après la division et sub-
division des biens , il est facile d'apprécier
d'une part , la simplicité de ces opérations colossales , et de décider d'autre part,
si toute la France n'a pas été dans le secret de l'ordonnateur , l'agiotage compris ;
le Roi et les Chambres exceptés. )

Les bulletins imprimés et distribués, par
milliers , portent , en tête et *en gros caractères :* VENTE DE BIENS D'ÉMIGRÉS ( seulement ) ; ensuite l'ordre d'indiquer , 1.° *le
nom de l'émigré en gros caractères ;*
2.° ses prénoms, etc. ; 5.° le revenu de
1790, d'après les documens ci - dessus ;
4.° en deux lignes bien distinctes : *le prix
de la vente en assignats, valeur nominale,
et le prix de la vente réduit en numéraire au cours du jour de l'adjudication.*

A ce premier modèle, est joint un second modèle, intitulé : *Relevé des ventes
des biens* des ÉMIGRÉS ( en très-gros caractères), le tableau contient 4 colonnes des-
tinées à indiquer, 1.º le n.º du Bulletin ;
2.º le montant du revenu de 1790, savoir :
des biens ruraux et des maisons, bâtimens
et usines; 3.º *le montant du prix de la
vente, réduit en numéraire au cours du
jour de l'adjudication.*

Le relevé général doit être envoyé à
l'administration, pour servir à combiner le
projet de loi, que l'ordonnateur, mystérieux pour le Roi et les Chambres, veut
présenter aux Chambres à la première session, pour accorder une indemnité aux
émigrés seulement.

Reprenons. Les argumens se pressent :
1.º les renseignemens demandés sont provisoires quant à l'application du principe,
mais *définitifs* pour le principe qui ne doit
concerner que les émigrés. Tout dénote
l'intention d'exclure les droits acquis par
un système privilégié d'indemnités, à l'instant où même l'ordonnateur s'écriait à la

tribune : *le Roi veut fermer les dernières plaies de la révolution et non celles des émigrés seulement.* Peu importe dès-lors que l'ordonnateur eût songé, après la proposition de M. de la Bourdonnaye, à exprimer, par une seconde circulaire accusatrice ( ainsi que nous le verrons bientôt ), *son désir* ou *sa volonté*, de comprendre les condamnés dans la mesure, en oubliant les déportés et les reclus ; et ensuite de comprendre sur le Moniteur, *les déportés*, en oubliant toujours les *héritiers des prêtres reclus, dont je fais partie.* Les premiers attentats contre l'autorité constitutionnelle du Roi et des Chambres ne sont pas moins consommés. Resterait à savoir, si l'attentat non consommé, contre les droits acquis. aurait manqué son effet par des circonstances fortuites, *dépendantes* ou *indépendantes* de la volonté de l'ordonnateur.

2.° En vertu des ordres de S. E. le Ministre des Finances, les renseignemens sont commandés *pour combiner le projet de loi privilégié*, c'est-à-dire, un projet de loi, *dont le principe n'est pas même décrété.*

( *xlij* )

Ce principe n'existe, ainsi qu'on l'a pré-
jugé en 1814, qu'en faveur des droits
acquis, exclus par les ordres du grand Ministre. C'est tout au plus pour eux seuls,
*mais en vertu d'une ordonnance Royale*,
( accompagnée d'un préambule qui aurait
prévenu toutes inquiétudes ), qu'on pourrait recueillir, *coràm populo*, les renseignemens propres à combiner un projet de
loi; delà un attentat qui se lie à ceux déja
développés contre l'autorité constitutionnelle du Roi et des Chambres, et qu'il est
inutile de démontrer ; l'évidence se dé-
montre elle-même..

3.º Ces attentats consommés s'aggravent
par la nature des renseignemens commandés. Le grand Ministre a non-seulement
communiqué au dehors, à l'insu du Roi et
des Chambres réunies, à l'instant même
où il s'écriait : *Le Roi veut fermer les dernières plaies de la révolution, et non celles
des émigrés seulement ;* le grand Ministre
a non-seulement communiqué au-dehors,
dis-je, le principe du projet de loi privilégié, inconstitutionnel, injuste, impolitique,

attentatoire à la volonté du Roi, aux droits acquis, mais encore il a laissé entrevoir ou craindre, sur l'article relatif au mode de payement, une pensée aussi désastreuse que le principe du projet privilégié. Tout dénote l'intention de payer l'indemnité, en prenant pour base la valeur des biens des émigrés en 1790, et d'après la confidence faite au public, après la proposition de M. de La Bourdonnaye, par un journal semi-officiel, on a dû dire partout : « L'indemnité » sera payée, en prenant pour base la va- » leur des biens en 1790, et pour le mode » de paiement, ce qui a été pratiqué à l'é- » gard des communes pour leurs biens ven- » dus. ( 4 p. 100 en rentes. )

» Mais qui paiera l'indemnité, ont dû » s'écrier les contribuables et les déten- » teurs (1). Pourquoi demande-t-on le prix » de la vente réduit en numéraire ( ont dû » ajouter les personnes intéressées aux ven-

---

(1) Contribuables, détenteurs, dormez en paix. Le Roi a promis : l'indemnité sera payée sans nuire aux contribuables et aux déten teurs.

» tes, et dont le nombre s'élève à près de
» 10 millions ) ? Pourquoi pèse-t-on trois
» fois, dans les imprimés, sur cette réduc-
» tion en numéraire, évidemment inutile
» pour fixer l'indemnité, puisqu'on prend
» pour base le revenu de 1790 ? Qui paiera
» cette indemnité ? Le discours du Trône
» était rassurant pour tous les intérêts ; mais
» on n'en dit pas un mot ; et puis on trompe
» le Roi, on trompe les Chambres. Qui
» trompe sur un point peut tromper sur
» tous. On déclare la guerre aux intérêts
» nouveaux par le système privilégié, in-
» constitutionnel, *que le Gouvernement*
» *veut présenter aux Chambres.* Qui viole
» la Charte sur un point, peut la déchirer.
» Qui paiera donc l'indemnité? Où veut
» donc en venir le grand Ministre ordonna-
» teur (1) » ?

Ainsi les attentats consommés sont d'autant plus graves, qu'ils ne pouvaient avoir
pour résultat que d'accroître les inquiétu-

---

(1) Contribuables, détenteurs, dormez en
paix. *Le Roi sait!* CHARLES X a promis.

des sortant, comme l'effet de la cause, du projet privilégié, et d'encourager l'agiotage, en lui fournissant l'occasion de dire aux exclus et aux admis, qui pouvaient craindre que les mesures prises n'amenassent un ajournement indéfini pour eux. « Vendez-moi ; j'achète les droits des ex-» clus et des admis, à mes périls et risques, » par contrat et à grosse aventure (1) ».

D'autres circonstances aggravantes résultent à cet égard de l'article inséré dans le Moniteur le 22 octobre dernier. Cet article présente un total de 457 mille ventes, et un milliard 700 millions de biens vendus. Les contribuables et les détenteurs ont dû répéter : « Qui paiera ce milliard » 700 millions ? Il y a des dettes à distraire, » Mais à combien se portera cette distrac-» tion ? A peu de chose, sans doute, puis-» qu'on n'en parle pas. Mais on répète tou-» jours que le prix des ventes a été réduit » en numéraire, et on ne dit jamais un mot » du discours du Roi, portant que l'indem-

---

(1) Anecdote historique.

» nité serait payée sans nuire aux contri-
» buables. Et puis on trompe le Roi ; on a
» violé la Charte par les ordres mystérieux
» pour le Roi et les Chambres. Qui trompe
» sur un point peut tromper sur tous ; qui
» viole la Charte sur un point, peut la déchi-
» rer. Où en viendra le grand Ministre, s'il
» reste (1) ? »

Ainsi l'article du Moniteur a été de nature à accroître les inquiétudes parmi les
contribuables et parmi 9,930,000 Français intéressés aux ventes nationales, parce
qu'on n'a pas songé, d'une part, à dire
que les dettes payées à la décharge des in-
demnisés se portent, d'après les calculs
publiés en 1821, à 600 millions ; et qu'on
a oublié, d'autre part, le discours du
Trône, si rassurant pour tous les intérêts.

Ce n'est pas tout ; on ne fait pas men-
tion de la colonne du relevé des ventes,
relative à la fixation du revenu de 1790 ;
Et pourquoi ? C'est parce qu'on l'a ou-

-----

(1) Contribuables, détenteurs, dormez en
paix. *Le Roi sait!* les Bourbons ne violèrent
jamais la foi jurée.

blié, ou que les renseignemens publiés ne sont pas ceux commandés, mais d'anciens relevés dont les résultats ont été publiés en 1821, et qu'on aura mis au jour pour parer peut-être à nos révélations annoncées (1).

Quoi qu'il en soit, les renseignemens publiés dans le Moniteur sont nécessairement inexacts, soit parce qu'on n'y a pas compris toutes les classes, soit parce qu'on y a compris des classes qui ont récupéré leurs biens, ainsi que je le prouve ci-après, page   . Et si c'est par oubli qu'on n'a

---

(1) Tout fait conjecturer que les documens publiés dans le Moniteur ne sont pas ceux commandés ; à moins qu'on ne les ait pris a vol d'oiseau, et envoyés en ballon. Cette conjecture est d'autant mieux fondée à mes yeux, qu'il me paraît impossible qu'on ait reçu tous les renseignemens relatifs aux 437 mille ventes, puisqu'on n'a demandé ceux relatifs aux condamnés, que le 15 juillet 1824, et qu'on oublié alors les déportés et les reclus dont il n'est pas même question dans le Moniteur. Le journal du département de la Haute-Garonne, département qui a terminé le 1.er. ses opérations, ne parle que du relevé relatif aux émigrés.

point parlé de la colonne relative au revenu de 1790, commandée par les instructions mystérieuses, il y a imprévoyance d'autant plus extraordinaire, que l'agiotage a pu dire aux Français intéressés à l'indemnité : « On ne parle que de la réduction du prix » de la vente en numéraire, au cours du » jour de l'adjudication. Si vous étiez ainsi » payés, que diriez-vous ? Voulez-vous ven- » dre (1) ? »

Tout concourt, dans cette opération, à encourager l'agiotage et à semer les inquiétudes qui l'alimentent.

Le Ministre responsable a-t-il agi en tout sciemment ou innocemment ? A-t-il été frappé du plus étrange aveuglement ? Un nouvel acte accusateur, accablant, par son rapprochement avec les antécédens et avec les lois, va porter la conviction dans le cœur même des pyrrhoniens ministériels, mais de bonne foi, parce qu'il résulte de ce rapprochement que, 1.º les émigrés exclusivement admis par les premiers ordres

_____

(1) Anecdote historique.

mystérieux pour le Roi et les Chambres,
et les droits acquis que ces ordres, ont
exclus en masse, sont compris dans les
mêmes lois que le ministre a dû consulter;
2.° ainsi le Ministre a fait nécessairement
une première combinaison, un premier
triage, lorsqu'il a donné les premiers ordres pour communiquer au-dehors : *Le
Gouvernement veut se mettre à portée de
présenter à la prochaine session un projet
de loi d'indemnité pour les émigrés seulement;* 3.° après la proposition de M. de
La Bourdonnaye, embrassant tous les intérêts, la Chambre s'est prononcée en faveur des émigrés et de tous les droits acquis,
en délibérant sur la pétition d'un héritier
d'un condamné; alors le Ministre, par de
nouveaux ordres, a fait un second triage
dans la loi, en étendant à tous les héritiers
des condamnés depuis le 3o ventôse an XIII,
sa première volonté, et en laissant de côté
les héritiers des condamnés depuis le 3o
ventôse an III, les déportés et *les héritiers
des prêtres reclus dont je fais partie;* 4.°
d'après le Moniteur, qui a publié les ren-

seignemens relatifs aux émigrés, condamnés et déportés, le Ministre aurait encore, par des ordres que je ne connais pas, fait un troisième triage en faveur des déportés seulement, à moins que la classe des héritiers des prêtres reclus n'ait été confondue avec celle des déportés; 5.° quoi qu'il en soit, la conséquence des antécédens est non-seulement qu'on ne peut offrir aux Chambres que des renseignemens inexacts, mais encore que l'attentat contre les dispositions de la Charte, relatives aux droits acquis, n'a été suspendue que par des circonstances fortuites, indépendantes de la volonté de l'ordonnateur, à moins qu'il n'avoue qu'il a ignoré les lois, qu'il n'a consulté d'autre règle que son libre arbitre.

La démonstration de ces propositions me conduira aux faits qui, dans mon intérêt, se lient à l'intérêt général, et à une conclusion qui conciliera ces intérêts avec ceux du Ministre prévenu, s'il fléchit sous la loi de la nécessité, en répétant : *Heu ! patior telis vulnera facta meis.*

# CHAPITRE II.

*Nouvelle pièce de conviction rapprochée des lois et des faits qui, dans mon intérêt, se lient à l'intérêt général.*

Voici la nouvelle instruction accusatrice, relative aux biens aliénés par suite des condamnations prononcées par les tribunaux révolutionnaires, et imprimée, distribuée dans toute la France aux agens du fisc, par ordre du Ministre supérieur qui est seul responsable, en vertu de la loi portant que les agens sont à l'abri de toute responsabilité, lorsqu'ils exécutent les ordres ministériels. (Art. 114 du Code Pénal, sur les attentats à la Charte.)

Du 15 *juillet* 1824. L'instruction rappelle d'abord celle du 1.er juin, annonçant la volonté du Gouvernement de présenter un projet de loi d'indemnité en faveur des émigrés seulement, et les ordres du Ministre de dresser les états que nous avons cités. Lisons : « L'administration des domaines, ainsi que l'instruction n.° 1135 l'a fait connaître, a été chargée *par S. E. le Mi-nistre des Finances de faire former* dans chaque département, à titre de renseigne-mens provisoires, un état de tous les biens d'émigrés vendus, en indiquant le *revenu de 1790 de ces biens,* et le prix de la *vente réduit en numéraire au cours du jour de l'adjudication.* »

*Nota.* Nous avons prouvé plus haut que ces mots, *à titre de renseignemens provi-soires,* ne peuvent atténuer l'attentat con-sommé contre l'autorité constitutionnelle du Roi et des Chambres. Ces mots ne pour-raient être invoqués que pour la question intentionnelle relative à l'attentat non con-sommé contre les droits acquis, s'il n'était pas d'ailleurs prouvé que la tentative n'a été suspendue que par des circonstances fortuites indépendantes de la volonté de l'ordonnateur.

« *Le Ministre désire* ( Le Ministre dé-sire! Un Ministre responsable qui ne peut agir qu'en exécution d'une loi ou d'une ordonnance! *Le Ministre désire!* Est-ce là le langage d'un Ministre constitutionnel,

ou d'un Visir?) « *Le Ministre désire* qu'un
» semblable état soit dressé pour tous les
» biens des *condamnés,* vendus par suite
» des confiscations prononcées par jugemens
» des tribunaux révolutionnaires ou des
» commissions militaires ou populaires, jus-
» qu'à la publication de la loi du 30 ventôse
» an III, qui a fait cesser la vente des biens
» ainsi confisqués. »

*Observations.* Pourquoi le Ministre qui
a connu évidemment (à moins qu'il n'avoue
son ignorance des lois) les droits des familles des condamnés, à l'époque où il a
donné ses premiers ordres en faveur des
émigrés, a-t-il exclu ces familles? Pourquoi exclut-il, le 15 juillet 1824, après avoir
eu le temps de la réflexion, les héritiers
des condamnés depuis le 30 ventôse an III,
pour faits relatifs au rétablissement de la
monarchie, ensemble les déportés et héritiers des prêtres reclus?

Quant aux héritiers des condamnés depuis le 30 ventôse an III, il n'y a pas de
loi, il est vrai; *mais la loi est une grande
pensée qui vient du cœur, et le cœur de*

c..

*Charles X n'oubliera pas*, dans la loi d'indemnité, les familles de ces Vendéens condamnés sous le directoire et sous le dernier gouvernement, ni les pauvres héritiers de ces courageux montagnards ou habitans des campagnes, dont la chaumière a été confisquée et vendue en vertu des décrets atroces promulgués contre ceux qui recelaient les proscrits, ou qui portaient des secours aux émigrés. Au surplus, le ministre responsable n'est ici coupable que d'un oubli. Peut-on lui faire un crime de n'avoir pas le cœur de *Charles X?*

Quant aux héritiers des condamnés, déportés et prêtres reclus, le décret du 21 fructidor an III (août 1795) porte : «Les dé-
» crets qui, relativement à la confiscation des
» biens, ont *assimilé aux émigrés* les ecclé-
» siastiques déportés et *reclus* (les sexagénai-
» res et infirmes exceptés de la déportation ),
» pour n'avoir pas prêté le serment ordonné ,
» ou comme ayant été dénoncés par six in
» dividus, sont rapportés en ce qui concerne
» la confiscation (art. 1.er); les biens ou
» *leur valeur* seront remis sans délai. — En

» ce qui concerne les ventes faites, le rem-
» boursement du prix, abus et dilapidations,
» on se réglera sur les dispositions de la sec-
» sion 2 de la loi du 21 prairial an III ( juin
» 1795 ), relative au mode de restitution
» des biens *des condamnés*. » Un article de
cette dernière loi la rend applicable aux
*émigrés* rayés ou à radier. Les constitutions
de l'an III et de l'an VIII ont établi le principe d'indemnité en faveur de tous ceux
dont les biens avaient été mal-à-propos
vendus comme nationaux. Les délibérations
de 1814 ont consacré que les héritiers des
condamnés, déportés, prêtres reclus, et
les émigrés rayés ou éliminés, ont des
droits acquis à une juste indemnité pour
biens vendus en vertu de l'article 70 de la
Charte. Quelques orateurs prétendaient re-
fuser l'indemnité aux émigrés rentrés avec
le Roi; cet amendemement fut rejeté, et depuis cette époque nul n'a songé à un système
privilégié quelconque. En un mot ( *voyez-*le
développement ci - après ), actes antérieurs
à la restauration, Charte, serment de
Louis XVIII, serment de Charles X, dé-

libérations des Chambres , opinions de droite, de gauche et du centre, opinion de M. de Corbière lui-même ; justice, considérations politiques, considérations fiscales ; intérêts des acquéreurs et des contribuables , cri unanime en France , tout repousse le système privilégié d'indemnité consacré par les premiers ordres du Ministre responsable ; que dis-je? ce système est en opposition avec les discours , avec les promesses solennelles du Ministre lui-même. Ce Ministre n'a donc donné ses premiers ordres exclusifs que parce que *tel est son bon plaisir.*

Dira-t-on que c'est un oubli? Si c'était un oubli, le Ministre aurait-il répété aux Chambres, à l'instant même où il faisait le contraire : *le Roi veut fermer les dernières plaies de la révolution, et non celles des émigrés seulement?* Aurait-il gardé le silence à l'époque de la proposition de M. de La Bourdonnaye? Un Ministre qui n'aurait commis qu'un oubli, l'aurait avoué franchement; il n'aurait pas caché aux Chambres ce qu'il communiquait au-dehors. Ce

Ministre aurait dit : « M. de La Bourdon-
» naye propose un système général d'in-
» demnités ; cette proposition rentre dans le
» projet médité par le Gouvernement ; mais
» elle est en opposition avec l'initiative
» royale. Au surplus, j'ai pris déjà des me-
» sures pour recueillir les renseignemens
» relatifs aux biens d'émigrés vendus ; de
» nouveaux ordres vont étendre cette me-
» sure à tous ceux qui doivent être compris
» dans la loi. »

Telle est la marche qu'aurait suivie un
Ministre de bonne foi. Mais ce Ministre use
d'une espèce de *cachoterie*, et fait insérer
le lendemain, dans un journal, que la proposition de M. de La-Bourdonnaye n'est pas
assez vaste, tandis qu'on procédait à une
opération restrictive de cette proposition et
exclusive des droits acquis ! Cependant la
Chambre, délibérant sur la pétition de l'héritier d'un condamné, s'écrie que nul ne doit
être exclu. Alors le Ministre qui a fait un
premier triage dans les lois et délibérations,
pour admettre les émigrés et exclure les
droits acquis, fait un second triage, pour

admettre les héritiers des condamnés, et exclure les héritiers des déportés et des prêtres reclus compris dans la même loi. Puis, d'après le Moniteur, il fait un troisième triage pour admettre les déportés. Les héritiers des prêtres reclus sont-ils *inclus* ou *exclus* ? Je ne sais. Mais pourquoi, en dictant ses ordres, reculer sans cesse devant ces mots : *héritiers de prêtres reclus ?* J'ai eu le malheur de servir de marche-pied à l'élévation du Ministre ; de lui écrire des lettres *franches* à raison de son ingratitude, et dans mes lettres, dans mes écrits, j'ai dit : « Je n'ai aucun droit à » l'indemnité, comme héritier d'un con-» damné, mais comme *héritier d'un prêtre* » *reclus ?* » Le Ministre a-t-il voulu, comme *un homme à* 6o *ans de vertus*, satisfaire ses passions aux dépens de la justice et de la réputation du prince ? Le grand Juri décidera cette question, d'après l'ensemble des faits que j'ai retracés dans mon dernier opuscule, et de ceux que je développe ci-après.

Je me bornerai à ajouter en terminant,

( *lix* )

que, dans la dernière circulaire du 15 juillet 1824, le Ministre par ses ordres, après avoir eu le temps de réfléchir et de délibérer sur les vices des premiers, les a renouvellés et aggravés.

Je déclare donc que si ce Ministre ne prouve pas, en se retirant, qu'il a agi par imprévoyance, il sera prévenu, 1.º d'attentats consommés contre l'autorité constitutionnelle du Roi et des Chambres ; 2.º d'attentats non consommés contre les dispositions de la Charte, relatives aux droits acquis, attentats non consommés, commis à l'aide d'attentats consommés.

*Dernière réflexion.* Le Ministre responsable a-t-il songé au moins à donner des ordres particuliers pour prévenir les inconvéniens inhérens à ses ordres mystérieux pour le Roi et les Chambres ? Il a gardé, à cet égard, le silence envers le public, comme il l'a gardé envers le Roi et les Chambres, surtout à l'époque de la discussion sur la proposition de M. de La Bourdonnaye, sur son projet privilégié (1).

_______________

(1) Qu'on se représente la situation de MM. les

( *lx* )

Que pouvait faire M. le Ministre responsable pour prévenir toutes inquiétudes ?
Ce que j'ai fait en 1821 ; ce que je vais
faire pour suppléer, autant qu'il est en moi,
à l'imprévoyance du Ministre, en répétant : « Contribuables, détenteurs, dormez
» en paix : S. M. Louis XVIII et Charles X
» ont juré de maintenir la Charte : S. M.
» Louis XVIII vous a annoncé dans le
» dernier discours du trône, que toutes les

_______________

Députés, lorsqu'après la clôture de la session,
on leur a dit dans leurs départemens : Eh
bien ! MM. les Députés, le Gouvernement veut
donc présenter aux Chambres dans leur prochaine session le projet d'indemnité ? — *R.* Bah !
M. de Villele n'a rien dit, à cet égard, de posi-
tif aux Chambres. — *D.* Le Gouvernement veut
présenter un projet de loi pour les émigrés seulement ? — *R.* Bah ! M. de Villele lui-même
a dit le contraire aux Chambres, c'est sans
doute un faux bruit d'agiotage. — Et *ventre-
saint-gris*, M. le Député, depuis le 12 avril et
le 1.<sup>er</sup> juin, toute l'armée financiere est en mouvement..... Lisez......, vous êtes étonnés.... Quoi !
réellement vous ignoriez ?.... *Eclat* !....... ah ! la
Charte !... (Grand juri, pesez les conséquences.)

» dernières, plaies de la révolution ne se-
» ront fermées que par les moyens qui
» serviront à soulager les contribuables.
» Charles X a juré de tenir les promesses
» de son auguste frère , dormez en paix. »

« L'indemnité générale pour biens vendus,
» sera payée sans établir des impôts ; elle ne
» nuira en rien à la réduction des charges
» annoncée par S. M. Louis XVIII. Les
» détenteurs nationaux verront doubler leurs
» propriétés , sans bourse délier : anciens
» propriétaires, contribuables, détenteurs,
» dormez en paix; les fils de Saint-Louis
» n'ont jamais violé la foi jurée. »

Si M. le Ministre responsable, eût songé
à publier ou à faire publier un semblable
avis, n'aurait-il pas obtenu, accru les avan-
tages qu'un obscur écrivain , tel que moi, a
recueillis en 1821? (1)

_______________

(1) J'ai imprimé, en 1821, ma correspon-
dance avec les départemens, dont voici un ex-
trait. « Votre écrit a ranimé la confiance qu'in-
» spire la parole du Roi ; vous serez soutenu
» par l'immense quantité d'acquéreurs de biens

*Conclusion.* Tout se réunit pour déterminer le Ministre responsable à terminer sa carrière politique par une action d'éclat, en se faisant justice lui-même, en confessant humblement, aux pieds du Souverain, son imprévoyance, son ignorance des lois, son inhabileté. Car si le Ministre responsable veut prouver, en résistant au torrent qui l'entraîne, qu'il a agi avec prévoyance, et qu'il a connu les lois lorsqu'il a dicté ses ordres mystérieux pour le Roi et les Chambres, il aura sciemment fait une combinaison ; il sera coupable d'un attentat consommé contre l'autorité constitutionnelle du Roi et des Chambres, et d'un attentat non consommé contre les droits acquis, attentats d'autant plus graves qu'ils sont de nature à sapper

---

» d'émigrés qui auront l'avantage de voir dou-
» bler leurs propriétés sans bourse délier. Quel
» que soit le plan général d'indemnité qu'on
» adopte, ils en recueilleront le bénéfice. Nous
» nous consolerons comme vous, en songeant
» que nous avons fait au Roi le plus grand des
» sacrifices.

la Charte dans ses fondemens, à avilir l'autorité constitutionnelle du Roi et des Chambres, à détruire ou affaiblir la confiance qu'inspire la parole Royale, à relâcher les liens qui unissent le Souverain et ses sujets ; à faire dire à la nation : *on nous trompe; le Ministre est tout; le Roi et les Chambres ne sont rien ;* en un mot, le Ministre serait coupable du crime de trahison, avec toutes les circonstances aggravantes dont j'ai accompagné le principe.

Nota. *Le Développement de mes Révélations, précédé d'un Memento prophétique, et renfermant les Pièces, Décrets, Délibérations, Opinions, et autres Actes énoncés dans le titre et le corps de mes Révélations paraîtra, le 6 novembre courant (1824.)*

DAUMAING, *ancien Magistrat.*

Imprimerie de MIGNERET, rue du Dragon, n., 20.